글 · 유일윤

많은 사람들을 옳은 길로 이끄는 별이 되고 싶었습니다.
그 꿈을 이루진 못했지만 아이들의 마음에 별이 되는 책을 만들어 주고 싶습니다.
사랑하는 딸을 위해 지었던 동화들을 모아 책으로 펴내고 있습니다.
〈지구별 소풍〉, 〈국화보다 아름다운 너〉, 〈보름달이 되고 싶은 반달이〉, 〈민들레꽃집이 된 밥솥〉 등의 **《칸트키즈 철학동화》**와
〈놀부전〉, 〈뱃살 공주〉, 〈신데렐라〉, 〈공쥐의 오해〉 등의 **《창의력과 사고력을 키우는 반전동화》**,
〈사랑해 공주〉, 〈아주 특별한 생일 선물〉, 〈쟁이 쟁이 내 동생〉 등의 **《성장발달동화》**를 지었습니다.
창작동화로《행복한 눈사람》, 《세상에서 가장 멋진 우리 아빠》, 《내겐 엄마가 있잖아요》 등과 다수의 영어 동화를 썼으며
〈있는 그대로의 너를 사랑해〉, 〈그래, 넌 할 수 있어!〉, 〈너는 알고 있니, 엄마가 너를 얼마나 사랑하는지?〉,
〈나의 수호천사〉, 〈설탕엄마, 소금아빠〉 등의 동화를 번역하였습니다.

그림 · 김찬우

서울대학교에서 동양화를 공부한 후 현재는 나무연필 일러스트의 일러스트레이터로 활동하고 있습니다.
아이들이 자연과 친해지고 자연을 더 사랑했으면 하는 바람으로 자연을 그림에 담아내는 작업을 하고 있습니다.
대표작으로는 좋은씨앗의 〈3호실의 죄수〉 등이 있습니다.

민들레꽃집이 된 밥솥

기 획	유일윤
편 집	이유진, 배성분, 한수빈
디 자 인	금지영, 이미영, 박라미
펴 낸 이	조해숙
펴 낸 곳	꿀바른교육
공 급	엄마마음
주 소	경기도 파주시 회동길 357
전 화	031-8071-8071
팩 스	031-8071-8000
홈페이지	www.momheart.co.kr

ⓒ 꿀바른교육
꿀바른교육에서 저작권을 소유하고 있으므로, 본사의 동의나 허락 없이
이 책의 전부 또는 일부를 복사, 복제, 배포하거나 전산 장치에 저장할 수 없으며, 유상 대여를 할 수 없습니다.

주 의 ⚠ 책 모서리에 다칠 수 있으니 사람을 향해 던지거나 떨어뜨리지 마십시오.
       고온 다습한 장소나 직사광선이 닿는 장소에는 보관하지 마십시오.

엄마 마음	유성 잉크 대신 친환경 식물성 원료인 콩기름 잉크를 사용해 인쇄했습니다.
	친환경 접착제와 코팅지를 사용해 냄새가 적고 안전합니다.

민들레 꽃집이 된 밥솥

글 유일윤 그림 김찬우

주　　제	**세상에 쓸모없는 것은 하나도 없다**
대입 연계	기술의 개발이 현대인의 생활 방식 및 가치관의 변화를 가져오는가? [2002 **경희대** 수시 구술]
	디지털화가 진행됨에 따라 문헌(책)이 사라질 것인가? [2003 **중앙대** 수시 구술]
	20세기에 종이 없는 정보 사회를 예견했지만, 현재 종이가 사용되고 있다. 오늘날 종이 소비가 늘어난 이유는? [2003 **숙명여대** 정시 구술, 2004 **숙명여대** 수시 구술]
	주체와 객체의 입장과 상호 관계 [2007 **서강대** 수시 논술]
	현대 사회의 여러 문제와 해결 방안 [2009 **성균관대** 수시 논술]
	현대인의 인간 소외와 휴머니즘 [2009 **동국대** 수시 논술]
	과거 노비 제도에 대한 관점의 차이와 평등 [2010 **서울대** 정시 논술]

나는 엄지랑 할머니랑 오순도순 살았어.
엄지는 매일 학교 가기 전에 내게로 달려왔단다.
그럼 할머니는 누룽지를 박박 긁어서
그 위에 하얀 설탕을 솔솔 뿌려주셨어.
엄지는 학교를 마치고 집에 돌아오면
먼저 내 뚜껑을 열어보았지.
할머니가 감자나 고구마 같은 간식을 넣어두셨거든.

할머니는 날마다 빛이 반짝반짝 나도록 나를 닦아주셨어.
하루하루가 행복한 날들이었지.

그런데 지난 가을,
나에게 너무나 슬픈 일이 생겼지 뭐니!
장작불, 연탄불, 가스 불, 그 어떤 불에도 끄떡없던
내 밑바닥에 구멍이 난 거야!
"손때 묻은 솥인데 아깝네."
할머니는 혀를 끌끌 차시더니 전기밥솥을 사 오셨어.
나는 마당 한구석에 버려졌지.

10 민들레꽃집이 된 밤솥

"밥솥 구실도 못하는 너를 어디에 쓰겠니?"
참새들은 내 몸에 똥을 찍 싸고 날아가버렸어.
밥알을 나누어줄 때는 부엌까지 날아와 짹짹거리더니…….
하지만 난 화가 나기보다는 쓸모없는 나 자신이 부끄러웠어.

내가 봐도 내 모습이 창피해.
울긋불긋 녹이 슬고
군데군데 이가 빠지고,
밑바닥에도 구멍이 송송 뚫리고…….
눈과 겨울바람만이 내 몸속으로 파고들었어.
뜨거운 불 위에서 음식을 만들던
그때를 생각하면 눈물이 핑 돌아.
이제 아무도 날 찾는 이가 없겠지?

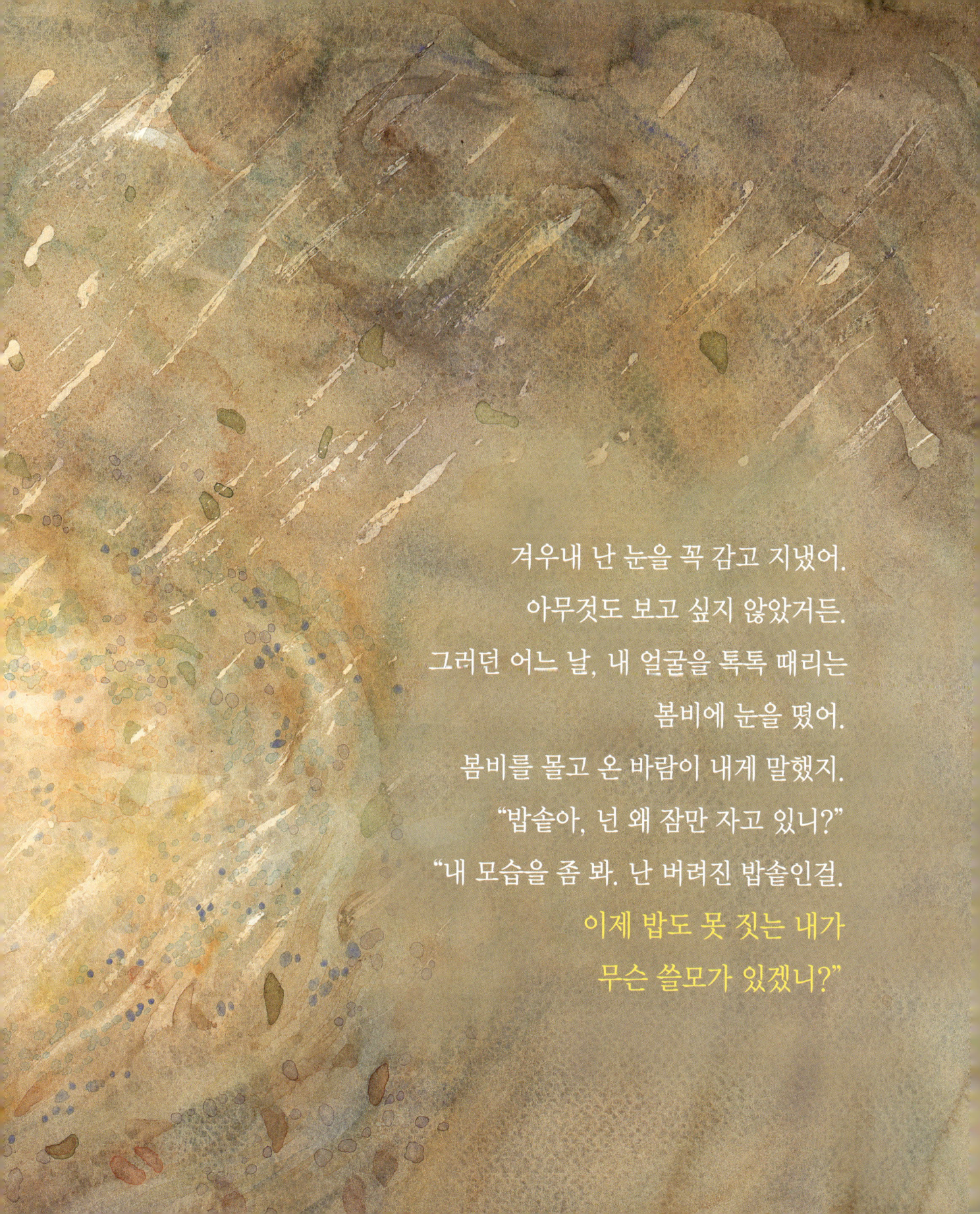

겨우내 난 눈을 꼭 감고 지냈어.
아무것도 보고 싶지 않았거든.
그러던 어느 날, 내 얼굴을 톡톡 때리는
봄비에 눈을 떴어.
봄비를 몰고 온 바람이 내게 말했지.
"밥솥아, 넌 왜 잠만 자고 있니?"
"내 모습을 좀 봐. 난 버려진 밥솥인걸.
이제 밥도 못 짓는 내가
무슨 쓸모가 있겠니?"

"세상에 쓸모없는 것은 하나도 없어.
네 자신을 한번 돌아보렴. 넌 언제 제일 행복했니?"
"내 안에 음식을 담고 있을 때야.
난 매일 밥을 짓고, 국이나 찌개를 보글보글 끓여냈어.
고구마나 감자를 삶기도 하고, 팥죽을 쑤기도 했어.
그럴 때면 온 가족이 입맛을 쩝쩝 다시며 기다렸지.
그때는 하루 종일 쉴 틈도 없이 바빴는데…….
지금은 전기밥솥에 밀려나 아무 쓸모도 없게 되었어."

"지금 너는 무엇을 담고 있니?"
"텅 비었어……."
"비어 있다는 것은 새로운 것을 담을 수 있는 기회야.
 네가 새로운 것을 받아들일 용기만 가진다면 말이지."
"정말이니? 그럼 나도 용기를 내볼게!"

그날 이후, 바람은 흙과 모래와
나뭇잎을 날라다 주었어.
나는 나뭇잎으로 구멍을 덮고
흙과 모래를 차곡차곡 쌓았어.
나는 새로운 것들을 받아들이기 시작했지.

아지랑이가
모락모락 피어나는
어느 봄날,
바람이 헐레벌떡 뛰어왔어.
"밥솥아, 찾았어!"

"뭘?"
"너를 꼭 필요로 하는 친구를 찾았다고!
글쎄, 민들레가 집을 찾고 있다는 거야.
네가 민들레꽃집이 되어주지 않을래?"
고개를 들어보니 민들레 씨앗이
낙하산처럼 바람을 타고 내게로 날아오고 있었어!

"민들레 씨앗이야, 잘 품어봐.
 노란 민들레꽃이 가득 필 거야."
민들레 씨앗을 품으면서
나는 아기를 가진 엄마처럼 하루하루가 행복했어.

얼마나 시간이 흘렀을까?
드디어 내 안에 뿌리를 내린 민들레 씨앗에서 싹이 돋아났어.
꽃대가 솟고 노란 꽃이 쏘옥 고개를 내밀었지!
엄지도 친구들에게 자랑을 했어.
"우리 집에 민들레꽃집이 있다."
"이야, 민들레꽃이 한가득 피었네.
세상에, 이렇게 예쁜 꽃집은 처음 봐!"

"그것 봐. 세상에 필요하지 않은 것은 하나도 없지?"
"응, 이제 나도 이 행복을 세상에 나누어주고 싶어.
바람아, 민들레 씨앗을 세상에 나누어주렴."

그러자 바람은 민들레 씨앗을 온 세상에 나누어주었답니다.

지혜를 키우는 철학편지

사랑하는 칸트키즈에게!

인생이라는 먼 길을 가다 보면
넘어질 때도 있고,
남보다 뒤처질 때도 있고,
심지어 '나는 쓸모없는 인간이 아닐까?' 라는
생각이 들 때도 있단다.

그때 다시 이 동화책을 펴서 읽어보렴.
그리고 기억하렴.
쓸모없다고 생각했던 버려진 밥솥이
민들레꽃집이 된 것처럼
세상에 필요하지 않은 사람은 단 한 사람도 없다는 것을!
버려진 밥솥이
민들레꽃집이 되어 가치 있는 삶을 산 것처럼
새로운 기회와 삶이 너를 기다리고 있다는 것을!
네가 새로운 것을 받아들일 용기만 가진다면 말이야.

생각을 키우는 철학논술

 밥솥이 버려지기 전에 가장 행복했다고 생각하던 때는 언제였나요?

 참새가 무시했을 때 버려진 밥솥은 화를 내기보다는 부끄러워했어요.
밥솥은 왜 자신의 모습을 부끄러워했나요?

 버려진 밥솥은 어떻게 민들레꽃집이 되었나요?

 인디오들이 신분의 차별 없이 서로 존중하며 살아갈 수 있는 이유를 찾아 밑줄을 그어보세요.

> 아마존의 인디오들은 모두 각자 맡은 역할이 있었다. 장로는 마을을 앞장서서 이끌고, 남자들은 사냥을 하며, 여자들은 식사 준비와 집안일, 그리고 아이 돌보는 일을 맡았다. 아이들을 교육하는 사람, 망가진 도구를 고치는 사람, 다친 사람을 치료하는 사람 등 마을의 모든 사람들이 각자의 능력에 맞게 모든 일을 나누어 하고 있었다. 그렇기 때문에 신분의 차별 없이 서로가 상대방을 존중하며 살아갈 수 있었다.
>
> – 글뿌리 출판사, 〈세상에 필요하지 않은 사람은 단 한 사람도 없다〉 중에서 –

 자신이 쓸모없는 사람이라고 느낀 적이 있나요? 언제 그렇게 느꼈나요?
민들레꽃집이 된 밥솥처럼 세상에 꼭 필요한 사람이 되기 위해선 어떻게 해야 할까요?

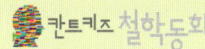 칸트키즈 철학동화

소중한 나
01 너는 누구니?
02 국화보다 아름다운 너
03 보름달이 되고 싶은 반달이
04 나는 내가 제일 좋아
05 나는 그냥 나야

세상에 쓸모없는 것은 하나도 없다
06 아기 박의 꿈
07 민들레꽃집이 된 밥솥

시련을 극복하는 의지
08 상처 없는 새가 있을까?
09 속 빈 호두

너는 어떻게 살래?
10 동굴의 비유

너는 무엇을 위해 살래?
11 네게 가장 소중한 것은 뭐니?
12 사람은 무엇으로 사는가

인간은 태어날 때부터 선할까? 악할까?
13 양치기 기게스의 요술 반지
[2007 건국대 수시 논술 제시문]

죽음이란 무엇일까?
14 지구별 소풍
15 새로운 인연

생명은 얼마나 소중한 것일까?
16 생명의 무게

행복이란 무엇일까?
17 행복한 왕자
18 꽃신의 꿈
19 누구랑 함께 살래?

모두가 행복한 세상을 만들 수 없을까?
20 하느님의 실수
21 네가 있어 나도 행복해
22 입장 바꿔 생각해봐!
23 모두 모두 소중해

차별 없는 정의로운 사회를 만들어요
24 심심해서, 심심해서 그랬어
25 되돌려준 따귀 한 대

친구를 어떻게 사귈래?
26 나와 다르지만 소중한 너
27 넌 어떤 친구를 사귈래?

올바른 의사소통과 결정 방법
28 누가 고양이 목에 방울을 달아야 할까?
[2008 서울대 정시 논술 제시문]

올바른 인식(앎)의 방법과 과정은?
29 우물 밖엔 무엇이 있을까?
[2005 서울대 정시 논술 제시문]
30 너만 옳은 것은 아니야

올바른 경쟁과 정당한 결과
31 고슴도치와 토끼
[2006 서울대 정시 논술 제시문]
32 부끄러운 승리

생각이 행동에 미치는 영향
33 옛날하고도 옛적에

21세기 바람직한 리더의 자질
34 왕자와 꽃씨
35 황금뿔 사슴왕
36 왕다운 왕
37 누가 추장이 되어야 할까?

지혜와 지식의 가치는?
38 누가 제일 부자일까요?
39 귤이 탱자가 된 이유

욕심의 병
40 바흠이 차지한 땅
41 채워지지 않는 동냥 그릇

기술자나 과학자의 직업윤리
42 깨진 찻잔의 비밀

유혹을 어떻게 이길까?
43 꼭 한 번만 더

후회 없는 결정을 하려면 어떻게 해야 할까?
44 칭기즈칸의 후회

갈등이 생겼을 때 어떻게 해결할까?
45 미움의 불씨

관계에 있어서 믿음과 신뢰의 중요성
46 그림자에 갇힌 사나이

어떻게 말을 해야 지혜로울까?
47 깃털과 세 개의 체

시간의 의미와 가치
48 마지막 5분

정직의 힘
49 허풍쟁이 낙타 까말

배려의 힘
50 간디는 왜 신발 한 짝을 던졌을까?

긍정의 힘
51 우유통 속에 빠진 개구리
52 최고의 선물

실천적 삶의 지혜
53 세 가지 질문

웃음의 기능과 가치
54 세상에서 제일 좋은 약

참된 선행이란 어떻게 하는 것일까?
55 참된 선행

자연과 조화롭게 사는 법
56 아기 코끼리와 나
[2007 이화여대 수시 논술 제시문]

진정한 용서란 무엇일까?
57 바위에 새긴 우정

철학논술 제시문 동화
58 그래, 넌 할 수 있어!
59 있는 그대로의 너를 사랑해
60 설탕엄마 소금아빠